Jörg Müller

Ich hab dir was zu sagen, Herr

Jörg Müller

ich hab dir was zu sagen, Herr

Gebete für alle Zeiten

Betulius Verlag

Die Deutsche Bibliothek – CIP-Einheitsaufnahme

Müller, Jörg:
Ich hab dir was zu sagen, Herr: Gebete für alle Zeiten / Jörg Müller. – 6. Aufl. – Stuttgart: Betulius, 2002
ISBN 3-89511-008-6

6 7 8 02
Umschlag und Gestaltung: Hans Hug, Stuttgart
Satz: Typobauer Filmsatz GmbH, Ostfildern
Druck und Bindung: Clausen & Bosse, Leck

ISBN 3-89511-008-6

INHALT

Herr, ich gebe dir diesen Tag,

mit allen meinen Plänen und Wünschen,
mit allen meinen Ängsten und Hoffnungen.

Es soll ein Tag zu deiner Ehre werden.
Kein selbstsüchtiger Gedanke
soll in meinem Herzen liegen,
keine verletzende Kritik
soll in meine Ohren dringen,
kein böses Wort
soll über meine Lippen kommen.

Mach mich zu einem Werkzeug
deiner Liebe,
daß alle Menschen durch mich erfahren,
wie gütig und versöhnlich du bist.

Mach mich zu einem Botschafter
deiner Freude,
daß alle Menschen durch mich erfahren,
wie humorvoll und befreiend du bist.

Gib mir die Gnade,
deinen Willen zu erkennen,
und die Kraft, ihn auszuführen.
Die Menschen, denen ich heute begegne,
wollen von mir ermutigt
und verstanden werden.
Ich will es tun zu deiner Ehre,
zu ihrer Freude,
zu meinem Heil.

Danke, Herr, daß du mich dazu berufen hast.

Worte können wohl den
Verstand überzeugen,
Beispiele aber reißen hin.

Pfr. von Ars

Herr, öffne unsere Augen,

damit wir deine Werke erkennen
und dich preisen.
Klopfe an unseren Herzen immer wieder an,
bis wir dich hereinlassen
und mit dir gemeinsame Sache machen.
Verschließe unseren Mund
vor übelwollender Kritik
und vor Beleidigungen deines Namens.
Bewahre uns vor Hartherzigkeit und Hochmut,
vor Rechthaberei und Rachsucht.
Schenke uns die Bereitschaft zur Versöhnung
und gegenseitigen Annahme.

Mache uns alle zu Werkzeugen deiner Liebe,
damit unser ganzes Leben Anbetung sei.

Die Heiligkeit besteht nicht in diesen oder jenen Leistungen; sie besteht in der Bereitschaft des Herzens, die uns demütig werden läßt in den Armen Gottes, bis zur Verwegenheit vertrauend auf seine Güte.

Theresia von Lisieux

Herr, es ist Abend geworden

Ich bringe dir den Tag
mit all seinen Mühen.
Es gab schöne
und weniger schöne Stunden.
Nicht alles verlief so,
wie es hätte sein können.
Ich bringe dir meine Versäumnisse,
die Mißerfolge,
alle Begegnungen mit dir
und den Menschen,
die liebevollen
und die ärgerlichen.
Da gab es manch bitteres Wort,
das auch dir weh getan hat,
manch bösen Gedanken,
der meine Seele vergiftete.
Vergib mir und allen,
die einander Schmerz zufügten.
Ich danke dir für deine Liebe,
die du mir auch heute wieder
geschenkt hast;
zu wenig denke ich daran,
zu wenig danke ich dir.
Schenke mir und allen Menschen
eine gute Nacht.
Bewahre uns vor den Anfechtungen des Bösen
und gib der Welt Frieden.
Stärke die Kranken,
ermutige die Sterbenden
und steh auch mir bei
am Abend meines Lebens.

Man darf Gott vor dem Abend loben.

Jörg Müller

Herr, vergib mir

Herr, ich bin schuldig geworden.
Schon wieder.
Es ist immer dasselbe.
Wie soll das weitergehen?
Hundertmal nehme ich mir vor,
mich zu bessern;
und hundertmal breche ich mein Wort.

Ich enttäusche dich so oft!
Und du vergibst mir immer wieder.
Tausendmal. Ich kann es kaum glauben:
Deine Geduld ist so umwerfend,
so unglaublich unendlich.
Dabei hättest du allen Grund,
mir eine Lektion zu erteilen.
Und was machst du?
Du liebst mich.
Immer wieder liebst du mich.
Wartest auf mich,
rechnest mit mir,
willst mich, den Sünder, gebrauchen.

Herr, laß mich nicht verzweifeln
an meiner Schwachheit!
Hilf mir wieder auf,
damit ich endlich einmal aus dem
Teufelskreis meiner Schatten
heraustreten kann.
Bewahre mich vor der Resignation.

Danke,
daß du mich immer von neuem annimmst.

Danke, daß du mir vergeben hast.
Gib mir jetzt die Kraft und die Demut,
mir auch selber zu verzeihen.
Und loszulassen, nach vorne zu schauen.
Du willst keine Opfer, sondern Vertrauen.

Die verziehenen Sünden existieren nicht mehr, sie sind getilgt. Aber all dein Gutes und was du je Gutes getan hast, lebt neu auf.

Pfr. von Ars

Herr, du liebst mich,

wie ich bin.
Bei dir muß ich kein anderer sein,
um geliebt zu werden.
Wie oft aber will ich mich anders haben
und werfe dir meine Eigenarten vor.
Ich schiele nach den anderen,
die ich für besser halte,
für attraktiver,
für erfolgreicher.
Du hast mir Talente gegeben,
die ich vergrabe aus Angst vor Blamage,
aus Angst vor Fehlern,
aus Angst vor Ablehnung.
Vergib mir.

Bei dir darf ich Fehler machen,
ohne Angst haben zu müssen.
Du kennst meine Schwächen
und hältst sie mir nicht vor.
Du strafst mich nicht,
wenn ich schuldig geworden bin.
Aber wie oft strafe ich mich selber,
gönne mir das Leben nicht,
und suche durch Leistungen
anerkannt zu werden.
Vergib mir.

Wie oft zürne ich dir,
weil ich glaube, von dir im Stich
gelassen zu sein.
Was habe ich alles getan,
damit du meine Wünsche erfüllst!

Ich gestehe, daß ich ungeduldig bin
und dir vorschreiben will,
wie du mit mir umzugehen hast.
Doch du hast manchmal andere Pläne mit mir
und hoffst auf mein Ja.
Du kennst mich und weißt besser,
was ich zu meinem Heil brauche.
Deine Liebe ist unbegreiflich.

Herr, es wird Zeit,
als erlöster Christ zu leben.
Hilf mir dabei.

In aller Demut ehre auch dich selbst und gib das Zeugnis dir, das du verdienst.

Sir 10,28

Herr, ich bitte um Vergebung

Altlast bedrückt mich.
Neue Last ist dazugekommen.
Ich gestehe meine Versäumnisse
und Lieblosigkeiten ein.
Ich habe andere schlechtgemacht,
sie ins falsche Licht gerückt.
Ich wollte sie anders haben,
als sie sind,
mich selber aber nicht verändern.
Ich habe deiner Barmherzigkeit
Grenzen gesetzt, indem ich
an dir zweifelte.

Zu oft war ich Haar in der Suppe,
statt Sauerteig in der Welt;
zu oft Axt im Walde,
statt Licht auf dem Berg;
zu oft Made im Speck,
statt Salz der Erde.

Doch du bist ein gnädiger Gott;
du erbarmst dich des reuigen Sünders
und reichst ihm deine Hand.
Da du mir verzeihst,
verzeihe ich auch mir selber
und jedem, der mich verletzt hat.
Du machst alles neu.
Keine Schuld ist zu groß für dich.
Du kamst zu denen,
die verzweifelt waren,
und heiltest all ihre Gebrechen.

Ich darf deiner Vergebung sicher sein
und neu anfangen, froh und dankbar.

Und der Himmel freut sich über
jeden Sünder, der zurückkehrt.
Lukas 15,7

Herr, lehre mich das Schweigen

Der Worte sind genug gesprochen.
Oft sind sie leer
oder mit falschen Inhalten gefüllt.
Oft verletzen sie
und beleidigen dein Ohr.
Oft übertünchen sie
die innere Unruhe und Einsamkeit.

Im Schweigen bist du zu Hause.
Deine Liebe braucht nicht viele Worte.
Eines Tages wirst du mich
nach meinen Taten fragen.
Nach Taten der Barmherzigkeit,
die keiner Worte bedürfen.

Ich aber klage mich an,
mit Worten geschlagen,
nicht getröstet zu haben;
mit Worten geschmeichelt,
nicht gemahnt zu haben;
mit Worten zerredet,
nicht geklärt zu haben;
mit Worten angeklagt,
nicht vergeben zu haben.

Dein Wort ist Wahrheit.
aus deinem Mund kommen Worte
des Heiles und der Versöhnung.
Lieber will ich schweigen,
als mit meiner Zunge sündigen.
Darum lehre mich,
im Herzen alles zu prüfen,

bevor ich es ausspreche,
und kein Wort zu gebrauchen,
das in deinen Ohren schmerzt.

Es ist leichter zu schweigen, als sich im Reden nicht zu verfehlen.

Thomas von Kempen

Herr, ich kann nicht nein sagen,

weil ich sonst Schuldgefühle bekomme.
Die anderen sind dann enttäuscht;
das bedrückt mich.
Ich weiß nicht mehr zu unterscheiden,
wann ich gehorchen soll
und wann ich das „Nein" zumuten darf.
Ich schwanke zwischen echten
und falschen Schuldgefühlen.

Du hast als Kind schon mehr
auf die innere Stimme gehört
als auf die Stimme der Menschen.
Wenn ich das doch auch könnte!
Ich durfte selten
für mich allein entscheiden
und mein Leben wagen.
Jetzt habe ich Angst davor.

Gib mir den Mut,
meinen eigenen Weg zu gehen,
und die Gewißheit, daß du mich begleitest.
Du kennst meinen Schmerz
und die Angst vor Fehlern,
die Angst vor dir.

Ich bitte dich für die Menschen,
die mich abhängig
und schuldig machen wollen,
wenn ich auch
auf meine eigenen Bedürfnisse schaue
und mir selbst mal gut sein möchte.

Wer sich selber nichts gönnt und Gutes tut, ist anderen eine Last.

Sir 14,5

Herr, ich habe Angst

Schon am Morgen überfällt sie mich.
Der Tag liegt vor mir
wie ein unüberwindlicher Berg.
Die Angst verfolgt mich auf der Straße,
in den Häusern, unter den Menschen.
Sie lastet auf meiner Seele
und schnürt mir die Kehle zu.
Manchmal wird es mir dunkel vor den Augen,
mein Herz zerspringt fast;
ich bin wie gelähmt.

Alles Beten hilft nicht.
Die ständigen Mahnungen,
mich zusammenzureißen,
auf die Zähne zu beißen,
verhallen in der Dunkelheit meiner Seele.

Gott, Herr, hörst du mich?
Heile mich, nimm die Ängste weg
und verschaffe mir Luft zum Atmen,
Raum zum Leben,
Mut zum Wagnis.
Wer könnte mir helfen, wenn nicht du?
Ich gebe dir meine Ängste
in der Hoffnung auf dein befreiendes Wort.

Erleuchtete wissen, Angst liegt nie in den Dingen selbst, sondern darin, wie man sie betrachtet.

Jüdische Weisheit

Herr, mich plagt die Angst zu versagen

Ich traue mich nicht,
Entscheidungen zu fällen;
sie könnten falsch sein.
Ich breche viele Beziehungen ab;
sie könnten mich überfordern.
Ich habe Angst,
den Erwartungen der anderen
nicht gerecht werden zu können,
sie zu enttäuschen
und ihre Liebe zu verlieren.
Schon früh lernte ich, durch Leistung
Anerkennung zu bekommen,
ein anderer zu sein als ich bin:
besser, erfolgreicher, angepaßter.
Jetzt weiß ich nicht mehr,
wie ich sein möchte.
Ich möchte perfekt sein
und kann mir Fehler nicht verzeihen.
Ich will gefällig sein
und kann mir selbst nichts gönnen.
Herr, bei dir darf ich so sein, wie ich bin.
Du liebst mich auch dann,
wenn ich Fehler mache,
wenn ich versage.
Alle deine Geschöpfe reifen
durch Versuch und Irrtum.
Es kommt nur darauf an, zu lieben:
Zu verzeihen und neu zu beginnen.
Gib mir den Mut zum Leben,
den Mut zum Wagnis,
den Mut, Fehler machen zu dürfen.

Wenn der Weg unendlich
erscheint und plötzlich nichts mehr
gehen will, wie du es wünschst,
gerade dann darfst du nicht zaudern.

Dag Hammarskjöld

Herr, ich bin eifersüchtig

Ich fühle mich ungeliebt und vernachlässigt.
Mein Herz ist voll Mißtrauen,
mein Denken blockiert.
Ich kann nicht loslassen,
aus Angst zu verlieren.
Weil ich mich selbst
nicht für liebenswert halte,
glaube ich auch nicht,
daß andere mich lieben.
Zu tief sitzt das Mißtrauen,
die bittere Erfahrung
früherer Enttäuschungen.
Ich möchte den geliebten Menschen besitzen,
ganz allein für mich haben,
mit keinem teilen.
Alles in mir sehnt sich nach ihm:
mein Denken und Tun,
mein Träumen und Fürchten.
Herr, mache mich frei
von dieser Abhängigkeit!
Wecke in mir die befreiende Dankbarkeit
und das erlösende Vertrauen,
angenommen zu sein mit allen Schwächen.
Lehre mich loslassen,
damit ich nicht verliere,
sondern das Leben gewinne.

Eifersüchtige Menschen leben im Irrtum, nicht liebenswert genug zu sein. Sie müssen den Irrtum abgeben und sich selber annehmen.

Jörg Müller

Herr, du bist ein streitbarer Gott,

du konntest Zorn zeigen,
dazwischenschlagen,
deinen Ärger kundtun.
Ich tue mich schwer,
meinen Zorn zu offenbaren.
Lieber schweige ich um des Friedens willen.
Oft genug ist es um der Angst willen:
Ich fürchte mich vor Ablehnungen,
fürchte deine Rache,
habe Angst, weh zu tun.

Nicht selten bist du der Anlaß zum Streit.
Das Schwert des Glaubens
geht mitten hindurch.
Das schmerzt und ärgert.
Ich habe nicht gelernt,
mich in fairer Weise auseinanderzusetzen.
Ich bin ein Feigling.

Gib mir Mut zum ehrlichen Streiten,
daß ich nicht schweige,
wo Widerspruch notwendig ist.
Gib mir Demut zum aktiven Hinhören,
damit ich die Worte des anderen ungeteilt
aufnehmen und verstehen kann.
Gib mir Großmut zum ständigen Verzeihen,
damit zuletzt die Liebe siegt.

Denn du bist ein streitbarer Gott,
barmherzig und gerecht.

Wenn dir jemand Unrecht tut, stell ihn zur Rede. Tut es ihm leid, vergib ihm.

Lukas 17, 3

Herr, ich leide unter Zwängen

Getrieben von einer tiefen Angst
vor meinem strengen Gewissen,
muß ich Dinge tun,
die mich nicht befreien.
Ich werde tyrannisiert
von Zweifeln und Schuldgefühlen,
die bislang kein Gebet
zu beseitigen vermochte.
Wo bist du, Herr?
Komm in mein ängstliches Herz,
das keine Freiheit mehr kennt.
Nimm diese quälenden Gedanken von mir,
die sich im Kreise drehen
und nicht loslassen können.

Herr, schenke mir Freiheit des Geistes,
Wagnis zum Leben,
Mut vor dem Neuen,
Gelassenheit des Herzens.
Lehre mich,
meine schmerzlichen Gefühle anzunehmen
und meine peinlichen Gedanken
nicht zu ernst zu nehmen.
Schenke mir Vertrauen
in deine Barmherzigkeit,
daß ich mich ganz
in deine starken Arme fallen lassen kann.
Du bist die einzige Sicherheit,
die mir Ruhe verschaffen kann.
Stärke mein Vertrauen.

Laßt uns dem Leben trauen, weil wir es nicht allein zu leben haben, sondern Gott es mit uns lebt.

Alfred Delp

Herr, ich finde dich nicht

Ich will dich erfahren und weiß nicht wie.
Ich möchte dich greifen,
schmecken und sehen;
doch du bist mir so fern.
Ich will heil werden.
Die Sehnsucht nach dir brennt in meiner Seele.
So vieles von dem, was du verlangst,
vermag ich nicht.
Ich will verzeihen;
doch spüre ich Rachsucht und eiternde Wunden.
Geh du voraus, Herr,
ich will nachkommen.
Ich will glauben und kann nicht.
Ich will dich lieben und spüre mein Unvermögen.
Laß dich finden, Herr.
Erweise dich gütig
und zeige dich mir!
Höre mein Rufen
und nimm mich in deine Arme,
daß ich geborgen bin in dir.

Ihr alle, die ihr nach Gott fragt: Neuer Mut soll eure Herzen erfüllen!

Psalm 69, 33

Herr, ich bin krank,

und ich frage dich,
wozu dies gut sein soll.
Ich habe Angst vor der Zukunft,
ich habe Angst vor den Schmerzen
und vor dem Alleinsein.

Du hast uns das Leben in Fülle zugesagt,
du hast die Kranken geheilt
und die Dämonen ausgetrieben.
Wie soll ich meinen Zustand verstehen?

Meine Gefühle sind durcheinandergeraten,
manchmal überfällt mich Zorn,
manchmal Trauer,
manchmal will ich resignieren.

Heile mich, Herr.
Heile die Wunden meines Leibes,
heile die Verletzungen meiner Seele
und meines Geistes.

Doch wenn du etwas anderes mit mir vorhast,
so laß es mich erkennen und ertragen.
Bleibe bei mir und verwandle meine Angst
in Vertrauen.

Danke, Herr, für deine Liebe.

In der Stunde des Todes werden sie sehen, daß sie durch diese Krankheit mehr Seelen gerettet haben als durch alle begeisterten Werke, die sie als Gesunder wirken würden.

Pfr. von Ars

Herr, ich bitte dich für die Kranken,

heile sie in ihrem Schmerz,
verbinde ihre Wunden,
schenke ihnen Geduld.
Du allein schaust
in die Herzen der Menschen,
du kennst ihre wahre Not
und ihre Sehnsüchte,
du liebst sie alle, ohne Ausnahme.
Laß sie wissen,
daß ihr Leid nicht sinnlos ist,
daß du ihnen zur Seite stehst
und alles zum guten Ende bringst.
Erbarme dich ihrer,
wenn sie in Zorn geraten,
oder wenn sie in Depressionen fallen.
Stärke auch die Angehörigen
und steh den Ärzten bei,
daß sie Werkzeuge
deiner heilenden Liebe sind.
Ich bringe dir auch die Einsamen,
die Ungeliebten und die Verzweifelten.
Bewahre sie
vor Verbitterung und Unglauben.

Laß uns einander helfen,
die Last des Lebens zu tragen.

Alles, was dich daran hindert, den Herrn zu lieben, alles, was dir schwer wird, Krankheiten oder Lieblosigkeiten, sieh alles als Gnade an.

Franz von Assisi

Herr, ich bin in großer Not

und weiß keinen Ausweg mehr.
Komm mir zur Hilfe, erweise dich gnädig.
Schau nicht auf mein Unvermögen,
auf meine Versäumnisse,
auf meinen Mangel an Glauben,
sondern sieh auf dein Geschöpf,
das dein Erbarmen anruft.
Erinnere dich deiner Zusage,
jedem beizustehen, der dich anruft.
Schenk mir den Geist des Vertrauens,
den Geist der Zuversicht
und der Geduld.
Du hast so oft schon geholfen,
hilf auch jetzt
und mach meinem Kummer ein Ende.
Ich danke dir, Herr.
Du bist ein liebender Gott,
der Trost aller Betrübten,
der Retter aller Notleidenden.

Bist du in Not, so rufe mich zu Hilfe. Ich werde dir helfen, und du wirst mich preisen.

Psalm 50,15

Herr, schenke mir Freude

und eine neue Zuversicht,
denn ich bin mit Trauer erfüllt.
Dunkelheit quält meine Seele,
und mein Herz schreit stumm nach Leben.
An nichts kann ich mich freuen mehr;
dumpfe Gedanken lähmen mein Wollen.
Rühre mich an, Herr,
und erwecke mich zum Leben.
Schenke mir die Gnade,
deine Nähe zu verspüren,
und die Gewißheit, daß ich dir nützen kann.
Vertreib das gefährliche Gedankenspiel
mit dem Tod
und laß mich das Leben so nehmen,
wie du es anbietest.
Reinige mein Denken von allen negativen
und egoistischen Phantasien.
Ich will dir danken, Herr,
weil du des Dankes würdig bist,
und dich anbeten in Freude und in Leid.
Du allein kennst mich
und weißt um meine Sorge.
Du rechnest mit mir auch jetzt.
Hier bin ich.
Segne mich.

Den Geplagten rettet Gott durch seine Plage und öffnet durch Bedrängnis sein Ohr.

Hiob 36,15

Herr, ich stehe vor einer Operation

Angst und Hoffnung begleiten mich.
Ich gebe mich ganz in deine Hände
und in die Hände der Ärzte.
So bitte ich dich denn,
mache die Ärzte zu Werkzeugen
deiner heilenden Kraft!
Es steht geschrieben:
»Die Stunde kann kommen, in der dem
Kranken allein durch die Hand des Arztes
geholfen werden kann (Sir 38,13).«

Öffne ihre Herzen
für das Wunder deiner Schöpfung.
Schenke ihrem Verstand
Klarheit und eine tiefere Erkenntnis.
Verleihe ihren Händen
Ruhe und Sicherheit.

Ich danke dir,
daß du dies möglich machst.
Segne alle Menschen in diesem Haus,
die Kranken,
die Ärzte,
das Pflegepersonal
und die Besucher.

Schätze den Arzt, weil man ihn braucht, denn auch ihn hat Gott erschaffen.

Sir 38,1

Herr, meine Kinder machen mir Sorgen,

sie haben das Beten aufgegeben,
die Tradition über Bord geworfen,
der Kirche den Rücken gekehrt.

Meine Hoffnungen sind zunichte,
meine Mühen scheinen fruchtlos,
und mein Vertrauen ist erschüttert.

Du aber, mein Gott, siehst in mein Herz,
du wirst mich trösten in meiner Trauer
und meinen Glauben stärken.

Denn du liebst jeden, auch den größten Sünder.
Du wirst meine Kinder in deine Obhut nehmen,
sie vor dem Unglauben bewahren,
sie in Gefahren schützen,
sie mehr und mehr an dich ziehen.

Mein Glaube reicht nicht aus, sie zu halten;
ich gebe dir meine Kinder
in der Gewißheit, daß du dich finden läßt,
auch wenn sie dich nicht suchen.

Gib mir Geduld und Zuversicht.
Ich danke dir, Gott, denn du bist langmütig
und voll Erbarmen.

Ich versichere dir, Gott ist viel gütiger als du glaubst.

Theresia von Lisieux

Herr, stärke mich im Glauben

und festige mich in der Liebe zu dir
und den Menschen.
Laß mich durch alle Verwirrungen
und Täuschungen hindurch
deine Wahrheit erkennen
und kompromißlos leben.
Schenke mir Mut, dich zu bekennen,
wenn Stolz und Unglaube
die Welt beherrschen.
Führe mich tiefer hinein in deine Wahrheit,
die du den Klugen dieser Welt verborgen
und den Kleinen geoffenbart hast.
Laß mein ganzes Leben Anbetung sein.
Ich will die Geheimnisse des Glaubens
in meinem Herzen bewahren,
so wie es deine Mutter getan hat,
und mich in Demut vor dir verneigen.
Herr, stärke meinen Glauben!

Vertrauen ist eine Oase im Herzen, die von der Karawane des Denkens nie erreicht wird.

Kahlil Gibran

Herr, der Unglaube breitet sich aus

Immer mehr Menschen kehren deiner Kirche
den Rücken zu.
Manche geben ihren Glauben auf,
verführt,
enttäuscht,
in die Irre geleitet.
Zu viele huldigen ahnungslos
den falschen Göttern
und kreuzigen dich immer von neuem.
Deine Gebote werden belächelt.
Die einen sagen, du seist nur eine Chiffre.
Andere meinen,
du seist ein Kraftfeld, unpersönlich, symbolisch.
Herr, erbarme dich dieser verirrten Welt.
Erneuere den Glauben deiner Kinder
und führe alle Menschen
zur Einsicht und Umkehr.
Schau nicht auf unsere Schwachheiten,
sondern auf den Glauben deiner Kirche,
auf die Not der Verführten
und auf die Fürsprache der Deinen.

Wer Gott aufgibt,
der löscht die Sonne aus, um
mit einer Laterne weiter zu wandern.
Christian Morgenstern

Herr, wo du bist, ist auch deine Mutter

So verneige ich mich vor dir, Maria,
Mutter des Herrn und Dienerin der Menschheit,
Vielgepriesene und Vielgeschmähte.
Du hast Ja gesagt, als der Engel
dir den Wunsch Gottes kundtat.
Erflehe auch für mich
die Erkenntnis des göttlichen Willens.

Du hast bei der Hochzeit zu Kana
die Jünger auf den Willen deines
Sohnes hingewiesen.
Verhilf auch mir zum demütigen
Gehorsam Gott gegenüber.
Du hast am Pfingstfest
mit den Aposteln zusammen
den Heiligen Geist empfangen.
Laß mich ebenso geisterfüllt
glauben wie du und Werkzeug
deines Sohnes sein.

Du bist die Magd des Herrn,
die Mutter der Barmherzigkeit,
die Königin des Friedens.

Ich ehre dich als die Mutter
meines Erlösers
und wünsche nichts sehnlicher
als deinem Sohn zu gefallen.
Dein Vorbild möge mir helfen,
mein Leben dem Herrn anzuvertrauen.

Steh mir bei und verhilf mir
zu einem Leben aus dem Glauben.

Maria können wir nicht oft genug loben.

Martin Luther

Herr, ich suche dich

Man sagt, du seiest
bei den Aidskranken zu finden,
kämest inkognito
als Asylsuchender oder Bettler;
man munkelt auch, du würdest
dich eher den Naiven
und Ungebildeten offenbaren
als den Studierten.

Ich habe dich zu lange
am falschen Platz gesucht
und war manchmal froh,
wenn ich dich nicht gefunden habe,
weil das sonst für mein Leben
Konsequenzen gehabt hätte.

Doch jetzt zeige dich, Herr!
Verändere mich!
Führe mich heraus
aus meiner Trägheit.
Öffne mir die Augen
und laß mich erkennen,
wie tief du dich zu uns herabbeugst.
Jetzt weiß ich,
daß ich mich klein machen muß,
um in dein Antlitz schauen zu können.

Nicht erhabene Worte
können dich offenbaren,
sondern Schweigen.
Nicht der Verstand
vermag dich zu erkennen,

sondern das Herz.
Nicht viele Opfer
beeindrucken dich,
sondern das Vertrauen.

Schenke mir die Fähigkeit
zum Schweigen,
zum Hören,
zum Sehen.

Du mußt nichts Großartiges tun,
sondern das Kleine artig!

Jörg Müller

Herr, sende uns deinen Heiligen Geist

und reinige unsere Gedanken,
belebe unseren Willen,
lenke unser Tun.

Komm Geist der Weisheit und Demut,
erfülle die Herzen der Wissenschaftler
und Politiker.
Komm Geist der Geduld und Großmut,
erfülle die Herzen der Erzieher
und Fürsorger.
Komm Geist des Glaubens und der Zuversicht,
erfülle die Herzen der Priester
und Seelsorger.
Uns allen aber schenke die Liebe,
durch die wir deinem göttlichen Herzen
ähnlich werden.

Steh den Gefangenen und Abhängigen bei.
Tröste die Einsamen und Verlassenen.
Ermutige die Verzweifelten und Gequälten.
Führe die Verirrten und Suchenden
auf den rechten Weg.

Komm Heiliger Geist, mache uns zu Werkzeugen
deiner Liebe.

Ich glaube an die Sonne, auch wenn sie nicht scheint. Ich glaube an die Liebe, auch wenn ich sie nicht spüre. Ich glaube an Gott, auch wenn ich ihn nicht sehe.

Jüdische Inschrift im Warschauer Ghetto

Herr, schenke mir die Erkenntnis deines Willens

und gewähre mir die Gabe,
deinen und meinen Willen zu unterscheiden.
Gib mir den Mut,
mein Leben nach dir auszurichten
und mich nicht
vom Denken und Tun der anderen
verführen zu lassen.
Ich will mich so verhalten,
daß du jederzeit mit mir rechnen kannst,
auch wenn ich bei den Menschen
auf Unverständnis stoße.
Ich will den Streitenden Frieden bringen,
den Notleidenden beistehen,
die Verzweifelten auffangen,
die Suchenden zu dir führen.
Erfülle mich mit deinem Heiligen Geist,
daß ich dies alles in Klugheit tue,
demütigen Herzens
und im Vertrauen auf deinen Beistand.

Der Weg zur Quelle führt gegen den Strom.

Sprichwort

Herr, schenke deiner Kirche den Geist der Einheit

und der Geschwisterlichkeit.
Gib ihr den Mut zum fairen Dialog
zwischen Amtsträgern und Volk,
zwischen Pfarrern und Gemeinde,
zwischen Männern und Frauen,
zwischen Christen und Andersgläubigen.

Zu lange schon ist sie gespalten
durch menschliches Versagen.
Ängste, Kleingläubigkeit und Machtdenken
haben uns auseinandergerissen.
Wir alle sind doch deine geliebten Kinder.

Ich bitte für die Verantwortlichen
aller Kirchen: Sende ihnen
deinen Geist der Erkenntnis,
deinen Geist des Glaubens,
deinen Geist der Versöhnung.

Erwecke neuen Glauben in denen,
die deiner Gemeinde fernbleiben.
Berufe junge Menschen in deinen Dienst
und mache die Familien
zu lebendigen Zellen der Liebe.

Laß mich selber ein Beispiel sein
für Offenheit und Nächstenliebe.
Doch laß mich bei aller Toleranz
nicht den wahren Glauben aufgeben.
Komm, Heiliger Geist, sei uns
Licht in der Dunkelheit,
Trost in der Betrübnis,
Kraft in der Schwachheit.

Wir haben gelernt, wie die Vögel zu fliegen, wie die Fische zu schwimmen, doch wir haben die einfache Kunst verlernt:
wie Brüder zu leben.

Martin Luther King

Herr, gib mir die Gabe der Unterscheidung,

daß ich mich nicht täuschen lasse
von falschen Propheten,
von attraktiven Irrlehren
und vom Bösen
in der Gestalt eines Engels.

Laß mich den Unterschied kennen zwischen
Diplomatie und Verlogenheit,
Toleranz und Gleichgültigkeit,
Gelassenheit und Bequemlichkeit,
Konsequenz und Sturheit,
schöpferischer Kraft
und Flucht in die Arbeit,
Liebe und Abhängigkeit,
Freiheit und Willkür.

Ich will dir allein vertrauen.
Deine Wege sind schmal und oft steinig.
Deine Worte loben und preisen
den Vater im Himmel.
Deine Taten dienen dem Heil der Menschen.

Herr, gib mir die Gabe,
das jederzeit zu erkennen
und danach zu handeln.

Und wenn ein Engel vom Himmel käme und eine andere Lehre verkündete, sei er verflucht!

Paulus im Brief an die Galater 1,8

Herr, steh mir bei im Sterben,

wenn ich alles loslassen muß.
Du hast mich einst
ins irdische Leben gerufen,
weil du mich liebst und gebrauchen wolltest.
Bald wirst du mich wieder rufen.
Laß es ein Ruf zum himmlischen Leben sein.
Es fällt mir nicht leicht, loszulassen.
Da sind Ängste und Ungewißheiten.
Da sind viele Verletzungen, die ich
meinen Mitmenschen zugefügt habe,
und viele Wunden, die andere
mir geschlagen haben.
Vergib mir, Herr,
so wie auch ich ihnen vergebe.

Ich danke dir für dieses Leben
und die Gaben,
die du mir geschenkt hast.
Ich gebe dir alle heiteren und alle
schmerzlichen Begegnungen,
die Erfolge und die Versäumnisse,
die genutzten und ungenutzten Chancen.
Ich vertraue dir die Menschen an,
die mir nahestehen, und bitte dich,
sie zu beschützen.

Erweise dich gnädig in meiner Todesstunde
und schenke mir ein Sterben,
das dir Ehre macht.
Deine Engel
und die Fürsprache deiner Heiligen
mögen mich begleiten.

Unser Leben ist wie eine Handvoll Schnee, der Sommersonne ausgesetzt.

Skandinavisches Sprichwort

Herr, ich danke dir für diesen Menschen,

den du zu dir geholt hast.
Du kennst meinen Schmerz,
meine Ohnmacht, meine Trauer, meine Wut.
Meine Gefühle sind durcheinandergeraten,
tausend Fragen stehen im Raum.
Ich vertraue dir diesen lieben Menschen an.
Erbarme dich seiner und vergib ihm alles,
was er gefehlt hat.
Laß ihn bei dir sein
im Reich der ewigen Liebe und Freude.

Ich danke dir,
daß du ihn uns geschenkt hast.
Gib mir die Kraft, ihn loszulassen,
in der Gewißheit
seiner endgültigen Geborgenheit bei dir.
Dein heiliger Wille geschehe.

Mach auch mich bereit für den Tag,
an dem du mich rufst,
wo wir uns sehen werden
und vereint sind bei dir.

Solange es das noch gibt,
diesen wolkenlosen blauen
Himmel, darf ich nicht traurig sein.
Anne Frank

Herr, ich bin einsam

und sehne mich nach einem Menschen,
den ich lieben kann.
Wie schön muß es sein,
zu Hause erwartet zu werden,
füreinander da sein zu dürfen.
Ich hingegen habe niemand,
der mich empfängt,
niemand, dem ich mich schenken kann.
Mit Neid und Trauer blicke ich auf jene,
die unbeschwert Zweisamkeit erleben,
die Freunde haben und gefragt sind.
Niemand fragt nach mir.
Keiner sucht mich auf.
Es geht mir wie dir am Ölberg,
als du von allen verlassen warst.
Herr, ich gebe dir meine Trauer
und bitte dich,
meine trüben Gedanken zu verscheuchen.
Du bist immer bei mir und nimmst
dich der Zukurzgekommenen an.
Dafür danke ich dir.
Ich halte dir meine Einsamkeit hin
und schaue über den Tod hinaus,
wenn wir uns umarmen
und immer füreinander da sind.
So brauche ich nicht
in Depression zu fallen,
sondern kann in froher Erwartung
mein Leben auf dich ausrichten.
Danke, Herr.

Selig sind die Trauernden; denn sie werden getröstet werden!

Jesus in der Bergpredigt Matth. 5,4

Herr, ich bitte dich um Frieden

in dieser zerstrittenen Welt,
um Frieden in den Familien,
um Frieden in den Herzen und Köpfen
der Menschen.
Du hast gesagt: »Krieg und Streit wird
es immer geben, aber wehe dem,
durch den er kommt!«
Laß nicht zu,
daß ich, von Zorn und Rache,
von Neid und Haß vergiftet,
Unfrieden stifte oder gewaltsam
mein vermeintliches Recht erkämpfe.
Führe die Verantwortlichen dieser Welt
zur Einsicht,
erweise dich an den Unterdrückten gnädig
und erbarme dich derer,
die dem Haß und der Verblendung
verfallen sind.
Laß mich erkennen, wie ich zur Versöhnung
beitragen kann.
Und wenn es nur möglich ist durch
Gebet und Fasten,
so will ich es tun.
Schenke der Welt den Geist der Liebe,
den sie sich aus eigener Kraft
nicht geben kann,
und mach auch mich zum Dienstboten
deines Friedens.

Das Böse hat wirklich keine andere Macht, als die Ohnmacht des Guten.

Gertrud von Le Fort

Herr, wir bitten dich um Frieden

und um Versöhnung in der ganzen Welt.
Sieh auf die Not derer, die unschuldig leiden
und denen Unrecht zugefügt wird,
weil Habsucht, Neid und Machtgier herrschen.

Wir bitten um Frieden in den Familien.
Erbarme dich derer, die ungeliebt sind
und deren Kinder davon Schaden mitnehmen,
weil sie keine liebende Zuwendung erfahren.

Wir bitten
um Einheit und Versöhnung in der Kirche.
Stärke sie in den Zeiten der Anfechtungen
und führe ihre Gegner zur Einsicht,
die Kirche aber zur Weisheit und Glaubensstärke.

Auch bitten wir dich um Frieden für uns selbst.
Wo immer wir sind, wollen wir mit deinem Ohr hören,
mit deinem Mund reden oder schweigen,
mit deinem Herzen fühlen,
mit deinem Geist erkennen.
Es soll Friede und Heiterkeit von uns ausgehen.

Unruhig ist unser Herz, bis es ruht in Gott.

Augustinus

Herr, es gibt Streit in unserer Familie

Ich weiß nicht, wie ich damit umgehen soll.
Der Dämon des Unfriedens hat sich
eingeschlichen und spaltet unsere Herzen.
Ich bitte dich inständig
um den Geist der Einheit und Versöhnung.
Laß uns den Mut haben,
offen und klärend miteinander zu sprechen.
Gib uns die Fähigkeit,
aufeinander zu hören,
ohne besserwisserische Antworten zu suchen.
Schenke uns Weitsicht und Toleranz.

Bewahre mich davor,
um den Preis des Friedens
recht haben zu wollen,
auch wenn ich recht habe.
Bewahre mich davor,
die Worte anderer zu ihren
Ungunsten zu deuten
und ihnen meine eigenen Absichten
zu unterstellen.
Bewahre mich davor,
die Meinungen anderer abzublocken
und durch Schuldzuweisungen
Gespräche zu vergiften.

Laß uns zur Einsicht gelangen,
daß wir nicht alle Probleme
in eigener Regie lösen können.
Ich lege alles in deine Hände
und bitte dich um Frieden.
Vergib mir, wenn ich durch

mein Verhalten Ärgernis gab,
Wunden schlug,
demütigte.

Komm Geist der Liebe
und erfülle die Herzen aller Menschen,
die guten Willens sind.

Es ist mir ein Rätsel, daß es Menschen gibt, die sich nicht Abend für Abend um Versöhnung bemühen.

Goethe

Herr, bevor wir unsere Reise antreten,

möchten wir dir für deine Liebe danken.
Sie ermöglicht uns diese Fahrt.
Gib uns deinen Segen
und schicke uns deine Engel,
daß sie uns geleiten
und uns vor Unheil bewahren.
Du zeigst uns
die Schönheit deiner Schöpfung,
du führst uns mit Menschen zusammen
und hältst deine Hand über uns.
Laß uns in allem deine Gottheit erkennen
und mit den Dingen,
die du uns anvertraust,
verantwortlich umgehen.
Schütze uns vor Diebstahl,
Krankheit und Unfall.
Schenke uns gutes Wetter
und den Geist des Friedens.

Unser ganzes Leben gleicht einer Reise. Es kommt nicht darauf an, die Hindernisse zu umgehen, sondern sie zu meistern.

Augustinus

Herr, ich brauche dringend Humor

Das Leben ist nicht zum Lachen.
Wenn du mir also
die Gelassenheit einer Schildkröte,
die Dickhäutigkeit eines Elefanten,
die Schnelligkeit eines Wiesels,
die Fröhlichkeit eines Vogels
und die Klugheit einer Schlange
verleihst, wäre ich dir sehr verbunden.
Und wenn dann noch dein Wille
und mein Wille übereinstimmten,
wäre das Glück vollkommen.
Schenke mir die Gabe,
mich selber nicht so furchtbar
ernst zu nehmen
und die Ereignisse des Lebens
vom Gipfel des Berges aus zu betrachten.
Denn wo Berge sind, bist auch du.

Gott weiß, was er mit mir vorhat. Ich brauche mich nicht darum zu sorgen.

Edith Stein

Herr, die Zeit läuft mir davon,

und ich habe zu wenig von ihr.
Ich lebe nicht im Jetzt,
sondern angstvoll im Morgen
und verträumt im Gestern.

Meine Tage sind auf Wochen verplant,
und die Wochen erscheinen mir wie Tage.
Wenn ich sitze, gehe ich schon,
wenn ich gehe, bin ich schon am Ziel.

Ich höre den Menschen nicht zu,
finde keinen Ort der Ruhe mehr,
haste von Termin zu Termin
und kenne mein Ziel nicht mehr.

Du, Herr, hast Zeit für mich,
bist immer da, wenn ich dich rufe,
segnest das Zeitliche.

Dreißig Jahre nahmst du dir Zeit,
dich auf die drei Jahre deines
öffentlichen Wirkens vorzubereiten.
Ich hingegen möchte am liebsten alles
und sofort.

Hilf mir, Herr, Zeit zu haben für jeden,
der sich bei mir aussprechen
und ausweinen möchte.

Laß mich erkennen, worauf es einzig
und allein ankommt: auf die Liebe.

Sie vergeht nie, weil sie zeitlos ist.
Und wenn meine Zeit abgelaufen ist,
möchte ich vor dir stehen und sagen können:

Ich habe die Jahre genutzt
zu deiner Freude,
zum Wohl meiner Mitmenschen
und zu meinem Heil.

Das kostbarste Geschenk, das
wir zu bieten haben, ist die Zeit.
Zeit haben ist keine Zeitfrage.

Anton Kner

Herr, gib mir Geduld, aber rasch

Vieles geht mir zu langsam.
Es ärgert mich, wenn ich warten muß,
bis die anderen soweit sind.
Manche Menschen stehlen mir meine Zeit.

Lehre mich, warten zu können
und die Zeit zu nutzen.
Bis die Politiker weise werden,
die Reichen teilen lernen
und ich geduldiger geworden bin,
kann ich schon mal etwas tun:

Ich kann dir danken, Herr.
Ich kann für die Menschen beten.
Ich kann etwas Interessantes lesen,
ich kann das Warten üben …

So danke ich dir für die Zeit,
die ich dreifach nutzen kann:
zu deiner Ehre,
zur Freude meiner Mitmenschen,
zu meiner Besserung.

Als Gott die Zeit erschuf, hat er nichts von Eile gesagt.

Sprichwort

Herr, ich werde versucht

von ungeordneten Begierden,
von bösen, lästigen Gedanken,
die mir keine Ruhe lassen.
Schau in mein Herz und sieh,
wie ich es meine:
Ich will dich nicht beleidigen.
Und dennoch drängt es mich,
nachzugeben, in der Hoffnung,
dadurch Befreiung zu erlangen.
Herr, steh mir bei
und gib mir die Kraft,
den Anfängen zu widerstehen.
Laß mich den Kampf gegen diese
bösen Gedanken und Zwänge
nicht zum Mittelpunkt
meines Denkens machen,
vielmehr in deine Hände legen.
Du aber richte meine Aufmerksamkeit
und mein Herz auf Heiliges,
daß ich meine Kräfte nicht
verschwende im Kampf gegen das Böse,
sondern im Bemühen um das Gute.
Ich will dir gehören
mit ungeteiltem Herzen,
mit Leib und Seele,
im Denken und Fühlen.
So gebiete ich allen bösen Gedanken
in deinem Namen Einhalt
und kann getrost mein Leben wagen.

Wen der Teufel nicht zur bösen Tat verführen kann, bei dem probiert er es mit der Übertreibung des Guten.

Teresa von Avila

Herr, mache mich demütig,

denn aus mir bin ich nichts,
doch von dir kommt alles.
Die Erfolge,
die Komplimente
und das Ansehen
sind verführerische Geschenke.
Laß sie mich zu deiner Ehre gebrauchen
und jede Versuchung zur Eitelkeit
ersticken.

Du forderst mich auf,
mein Licht auf den Leuchter zu stellen,
um zu wärmen,
nicht zu blenden.
Du bittest mich,
mit meinen Talenten zu wuchern,
um andere zu bereichern,
nicht zu erdrücken.
Du erwartest von mir,
dich zu verkünden,
nicht mich.

Laß mich stets meine Mitmenschen
für besser erachten als mich selbst.
Laß mich sogar in den Fehlern anderer
das Gute noch suchen
und jede Gelegenheit nutzen,
Schwache zu schützen.
Wenn ich aber jemals hochmütig
werden sollte,
dann schicke mir Mißerfolge,
Ablehnungen und einen Menschen,

der mir die Wahrheit sagt.
Denn aus mir allein
vermag ich nichts.
Du hast es gegeben,
du wirst es nehmen.

Es sind die Versuchungen dem Menschen sehr nützlich; denn in ihnen wird der Mensch gedemütigt und gereinigt.

Thomas von Kempen

Herr, segne unsere Ehe

und sei bei uns alle Zeit:
in guten wie in schlechten Tagen.
Nähre unser gegenseitiges Vertrauen
aus der Treue zu dir,
laß uns jeden Abend von neuem vergeben,
wenn wir einander verletzt haben.
Schenke uns Toleranz und die Freiheit,
Fehler machen zu dürfen,
ohne Angst voreinander haben zu müssen.
Laß uns unsere Schwächen erkennen,
ohne sie je auszuspielen.
Wir wollen Vorbild sein
für unsere Kinder
und sie in deinem Geist erziehen.
Bewahre uns vor Kleinlichkeit
und endlosen Versuchen,
einander stets anders haben zu wollen.
Du liebst uns so, wie wir sind.
Darum wollen wir uns auch so annehmen,
wie du uns gemacht und gemeint hast.
Und wenn der Tag kommt,
an dem der Tod uns scheidet,
dann befähige uns zum Loslassen
in der Gewißheit eines Wiedersehens
bei dir, dem Gott aller Liebenden.

Das eindrucksvollste Beispiel an Toleranz ist eine Goldene Hochzeit.

Sprichwort

Herr, ich danke dir für meine Freunde

Laß unsere Freundschaft
auch dir Freude machen;
begleite sie mit deinem Segen,
belebe sie mit deinem Geist.

Bewahre uns vor Exklusivität,
daß wir offen bleiben für die,
die ein Gespräch wünschen
oder unsere Nähe suchen.

Bewahre uns vor gegenseitiger Abhängigkeit,
daß wir einander so annehmen,
wie wir sind, und loslassen können,
wenn es die Zeit erfordert.

Bewahre uns vor falschen Wegen,
die uns wegführen von dir,
daß wir dich und uns selbst
nicht verlieren.

In allen Menschen lebt ein Teil von dir.
Deshalb wollen wir in gegenseitiger Achtung
einander begegnen und so leben,
daß wir uns in deinem Reich wiederfinden.

**Freundschaft besteht nicht darin,
daß man einander in die
Augen schaut, sondern daß man in
die gleiche Richtung schaut.**

Spruch

Herr, lehre mich dankbar zu sein

und den Blick auf dich zu richten,
unabhängig von meiner Stimmung.
Lehre mich dir zu dienen,
wie du es verdienst,
unabhängig von meiner Stellung.
Lehre mich auf dich zu hören,
unabhängig vom Gerede der Leute.

Ich will dankbar sein für jede Kritik,
da sie mich vor Hochmut bewahren soll.
Ich will dankbar sein für jeden Schmerz,
da er mich an deine Liebe erinnern soll.
Ich will dankbar sein für jeden Mißerfolg,
da er mich zur Beharrlichkeit führen soll.

Laß mich dankbar sein, weil du da bist
und dich nach mir sehnst.

Gott Vater, ich sage dir Dank,
weil du mich geschaffen hast.
Gott Sohn, ich sage dir Dank,
weil du mich erlöst hast.
Gott Heiliger Geist, ich sage dir Dank,
weil du mich
in Liebe heilen und heiligen willst.

Es ist nicht meine Angelegenheit, an mich zu denken. Meine Angelegenheit ist es, an Gott zu denken und ihm zu danken, weil es seine Sache ist, an mich zu denken.

Simone Weil

Herr, ich preise dich

für deine unendliche Barmherzigkeit
und Liebe,
die du all jenen schenkst,
die dich in Demut darum bitten.
Ich lobe dich um deiner Weisheit willen,
mit der du alles
so wunderbar geschaffen hast.
Ich bete dich an;
denn du bist der Herr über Leben und Tod.

Ich preise dich für die schönen
und die schweren Zeiten in meinem Leben;
aus deiner Hand kommt alles.
Sie fängt mich auf, sie rührt mich an,
sie segnet.

Dir verdanke ich mein Leben,
die Menschen und die Dinge
um mich herum.
Und wenn ich in meiner Torheit
dich beleidigte, so liebtest du mich doch.
Und habe ich dich im Stich gelassen,
so warst du immer da.
Ich preise dich um deiner Liebe
willen, die durch keine
noch so große Schuld erlischt.

Durch deine Menschwerdung
hast du dich uns gleich gemacht;
du hast dich den Verachteten
und Verirrten zugewandt,
bist für mich am Kreuz gestorben

und hast den Tod besiegt.
Was könnte ich dir anbieten
als nur mein kleines Leben?!

Ich preise dich
für dein Wirken in der Kirche,
die von Menschenhand geteilt
und auseinandergerissen ist;
die du wiederherstellen wirst
zur Ehre deines Namens.
Du wirst wiederkommen
und mich in deine Arme schließen.
Ich danke dir dafür.

Es kommt alles darauf an, Gott zu loben und zu preisen; nur das macht die Seele frei.

Teresa von Avila

Herr, ich bete dich an

in deiner unendlichen Güte
und Liebenswürdigkeit,
die du selbst dem größten Sünder
nicht versagst.

Ich bete dich an
in deiner großen Weisheit,
mit der du die Welt und alles in ihr
geschaffen hast.

Ich bete dich an
in deiner unaussprechlichen Phantasie,
mit der du mein Leben führst
und bereicherst.

Ich bete dich an
in deiner überragenden Majestät,
die alles Geschaffene überstrahlt.

Du hast dich zu uns herabgebeugt
und bist Mensch geworden.
Du hast alles verlassen
und bist ganz arm geworden.
Du hast dich für uns zu Tode geliebt
und bist wie ein
Verbrecher behandelt worden.

Doch in allem bliebst du voll Güte
und Liebenswürdigkeit,
voll Weisheit und Majestät.
Du hast es möglich gemacht,

auch heute noch in der Gestalt des Brotes
unter uns zu sein.

Herr, ich bete dich an.
Mach mein Herz deinem ähnlich:
liebend, gütig, weise,
demütig und wahrhaftig.

Betet besonders vor dem Kreuz; denn von ihm kommen große Gnaden!

Die Muttergottes an die
Seher von Medjugorje am
12. 9.1985

Herr, ich gebe dir mein Leben,

weil du mir deines gegeben hast.
Ich gebe dir alle meine Nöte und Sorgen,
die auch du um meinetwillen erlitten hast.
Ich gebe dir meine Pläne und Wünsche,
damit Platz wird für deine Pläne und Wünsche.

Laß mein ganzes Leben Anbetung sein,
zu deiner Ehre,
zum Segen für meine Mitmenschen
und zu meiner eigenen Heiligung.

Ich gebe dir meine Eigenregie,
die deine Pläne außer acht läßt.
Ich gebe dir mein Mißtrauen,
mit dem ich dich allzuoft verletze.
Ich gebe dir meine Bequemlichkeit,
die manchmal stärker ist als dein Ruf.

Hilf mir, ganz dir zu gehören,
ungeteilt und frei von Angst.
Denn du bist gekommen
als Freund und Retter.

Oft sind wir bereit, auf eine Sache zu verzichten, geben aber unsere tiefsten Neigungen nicht auf. Weil wir nicht alles hergeben, deshalb wird uns auch nicht alles geschenkt.

Teresa von Avila

Herr, Dank sei dir für alles, was du geschaffen

Für meinen Leib:
Ich will ihn pflegen,
aber nicht zur Hauptsache machen,
weil er nicht ewig hält.
Für meine Seele:
Ich will sie rein halten
durch Übung der Tugenden,
weil sie ewig besteht.
Für die Dinge um mich herum:
Ich will mich ihrer maßvoll bedienen,
weil sie meinem Leben nutzen.
Für die Menschen:
Ich will sie achten und lieben,
weil sie deine Ebenbilder sind.
Für die Tiere:
Ich will sie schützen und respektieren,
weil sie uns erfreuen.
Für die Welt, in der ich lebe:
Ich will verantwortlich mit ihr umgehen,
weil sie auch für andere bestimmt ist.

Danke, Vater, daß du mich geschaffen hast.
Danke, Jesus, daß du mich erlöst hast.
Danke, Heiliger Geist, daß du mich heiligen willst.

Dankbarkeit ist das beste Mittel gegen Depressionen.

Jörg Müller

Herr, du bist ein Gott der Liebe

Du wurdest Mensch,
uneheliches Kind,
Flüchtling
und Obdachloser.

Du warst arm,
verspottet
und alleingelassen.

Du bist als Krimineller
und Gotteslästerer
gekreuzigt worden.

Doch ich bin reich
und anständig
und hadere mit dir,
wenn ich in Not gerate.

Ich bin geachtet und behütet
und zürne mit dir,
wenn ich verlacht werde.

Ich bin beheimatet
und mehrfach versichert
und bin dir gram,
wenn nichts mehr geht.

Herr, laß mich begreifen,
daß der Weg zu dir
immer wieder ganz unten beginnt.

Man soll sich nicht ärgern, daß der Rosenstrauch Dornen trägt, sondern sich freuen, daß der Dornstrauch Rosen trägt.

Arabisches Sprichwort

Herr, ich stehe dir zur Verfügung

mit allen Fähigkeiten und Kräften,
die du mir gegeben hast.
Ich bin bereit, alles einzusetzen:
Mein Leben, meinen Tod,
wenn es dir Ehre macht und meiner Heiligung dient.
Dir verdanke ich alles. Dir gebe ich alles.
Laß mich deinen Willen erkennen und stets tun.
Forme und gebrauche mich
nach deinem Gutdünken;
denn du kennst mich durch und durch.

Deine Liebe ist größer als ich zu fassen vermag,
und deine Sehnsucht nach mir
übersteigt meine Phantasie.

Hier bin ich, Herr.
Dein Wille geschehe.

Laß nicht zu, daß ich mich jemals von dir abwende.
Nichts soll mich fernhalten von dir;
denn wer könnte mehr lieben als du?

Viele folgen Jesus bis zum Brechen des Brotes, aber wenige bis zum Trinken des Leidenskelches.

Thomas von Kempen

Herr, ich möchte alles loslassen

und gebe dir meine Bindungen an materielle Güter, die mich hindern, ungeteilt dir zu dienen. Wie oft sammle ich kleine Reichtümer an, horte teure, oft auch wertlose Dinge, um mir das Gefühl von Sicherheit und Geborgenheit zu geben. Vergib mir, Herr, wenn ich so kleingläubig bin und mein Herz an äußere, vergängliche Gegenstände hänge.

Ich gebe dir meine Bindungen an geistige Güter, die mich hindern, ungeteilt dich zu lieben. Da ist so mancher liebgewordene, doch fragwürdige Plan, der meine Eitelkeit und Eigenregie nährt. Wie oft verrenne ich mich in gefährliche Höhenflüge, in Leistungsdenken und Rechthaberei, in Koketterie und gedankliche Sünden. Ich scheine moralisch gut, bin es aber nicht. Vergib mir, Herr, wenn ich mir selber dadurch schade und dich beleidige.

Ich gebe dir meine Bindungen an Menschen, die mein Gefühlsleben sehr in Beschlag nehmen und meine Zeit blockieren können. Wie oft bin ich versucht, andere für mich in Anspruch zu nehmen oder mich von anderen binden zu lassen. Die Sehnsucht nach Anerkennung und Zuwendung wächst immer dann, wenn Enttäuschungen und Demütigungen vorausgehen. Vergib mir, Herr, diese Fluchtversuche und halte alle Beziehungen frei von solchen Einengungen.

Ich gebe dir meine Kinder (meinen Mann, meine Frau, meine Eltern...), an denen ich zu sehr hänge. Tiefe Angst befällt mich, wenn ich sehe, wie sehr ich an sie gebunden bin. Gegenseitige Abhängigkeiten und ständige Suche nach Nähe haben zur Unselbständigkeit geführt. Die Angst vor der Einsamkeit läßt hundert Gründe finden, Familienmitglieder an mich zu binden. Vergib mir, Herr, wenn ich dadurch dich selber nicht mehr finde.

Ich gebe dir meine ständigen Rückblicke in die Vergangenheit, die oft einhergehen mit Schuldgefühlen, Ängsten, mit Zorn oder Trauer. Ich ertappe mich dabei, wie ich Vergleiche zur Gegenwart anstelle, am Alten festhalte aus Angst vor dem Neuen. Da ist so wenig Vertrauen, zu viel Enttäuschung und Selbstmitleid. Vergib mir, Herr, wenn ich durch den Blick zurück meine eigene Entwicklung blockiere.

Ich gebe dir mich selbst, meine Wünsche, meine Fehler, meine Sorgen, meinen Tod. Ich darf selbstlos sein, ohne mich zu verlieren. Ich darf gut zu mir selber sein, ohne egoistisch zu werden. Nimm meine falschen Selbstbildnisse, meinen falschen Ehrgeiz, meinen Hang zum ständigen Gefallenwollen und Perfektionismus. Ich muß kein anderer werden, um von dir geliebt zu sein. So darf ich auch mich selbst lieben mit allen Grenzen und Schwächen. Vergib mir, Herr, wenn ich mich selbst und die anderen ständig anders haben will als sie sind.

Schließlich gebe ich dir alle Verletzungen und Enttäuschungen, denen ich nachgehe, und die Menschen, die sie verursacht haben. Wie oft hege ich Rachegedanken gegen sie. Dabei sind sie selber Verletzte. Ich gehe meist den notwendigen Auseinandersetzungen aus dem Weg aus Angst, unbeherrscht zu sein oder abgelehnt zu werden. Ich will jetzt alles loslassen und dir übergeben. Vergib mir, Herr, wenn ich auch dir nicht immmer traue oder deiner Barmherzigkeit Grenzen setze.

Die einzige Abhängigkeit, die frei macht, ist die Abhängigkeit von Gott.

Jörg Müller

Herr, ich gebe dir meine Verletzungen

Deine Liebe zu jedem von uns ist grenzenlos; doch tiefe Wunden, von Menschen seit meinen Kindheitstagen zugefügt, haben meine Liebe zu dir oft erschüttert, meinen Glauben auf die Probe gestellt, meine Seele in große Bedrängnis gebracht.

So bringe ich dir jetzt mein ganzes Leben, die Zeit vor meiner Geburt und die Geburtsstunde selber, mit all ihren Umständen, mit den möglichen Verletzungen, die damals schon durch Ablehnung, Angst oder Krankheit meiner Mutter mir zugefügt wurden.

Ich bringe dir meine ersten Lebensjahre, die vielleicht gekennzeichnet waren von einem Mangel an Liebe, an Zuwendung und Anerkennung. Vielleicht haben mich meine Eltern zu sehr gebunden, eifersüchtig behütet und verwöhnt, so daß ich unselbständig wurde, ängstlich, gehemmt, und neidvoll auf meine Kameraden schaute, aggressiv gegen meine Eltern und damaligen Vorgesetzten war.

Ich bringe dir meine Jugendzeit, meine Schul- und Lehrjahre. Manchmal fühlte ich mich vernachlässigt und suchte verstärkt nach Bewunderung, fühlte Neid und Selbstmitleid. Ich wollte besser sein als die anderen, durch Leistung Liebe erkaufen, wurde wieder und wieder enttäuscht und versank schließlich in depressive oder in aggressive Stimmung, in der ich mich selber ablehnte, weil ich glaubte, weder lebens- noch liebenswert zu sein.

Ich denke an manche Personen in meiner Verwandtschaft, die mich durch ihre dominierende und erdrückende Art in meiner Entwicklung hemmten oder die sich kaum um mich kümmerten, weil sie keine Zeit hatten. Es gab Augenblicke großer Verzweiflung und Ausweglosigkeit, in denen ich auch dir zürnte und mich treiben ließ.

Es kam die Zeit meiner geschlechtlichen Reifung, wo ich oft unerklärliche Ängste verspürte. Die Erwachsenen ließen mich im Stich, reagierten ablehnend. Ich suchte mich zu orientieren in beruflicher, partnerschaftlicher und charakterlicher Hinsicht und fühlte mich oft alleingelassen von meinen Vorgesetzten, von meinen Kameraden. Immer wollten sie mich anders haben, als ich gerade war. Das weckte in mir eine ohnmächtige Wut, eine tiefe Angst, eine große Unsicherheit.

Es gab Zeiten gefährlicher Abhängigkeiten von Personen, von Dingen oder von attraktiven Irrlehren. Dann kamen wieder Momente frommer Bemühungen, deine Liebe zu gewinnen. Geistliche Verbitterung und Flucht in weltliche Geschäftigkeit waren ebenso da wie religiöser Leistungsdrang und die Bemühung, die erlittenen Demütigungen zu vergeben.

Ich bringe dir die Jahre meines Berufslebens, meiner Ehe oder meines Alleinseins mit den wirklichen oder vermeintlichen Angriffen meiner Mitmenschen. Ich empfinde Groll, wenn ich daran denke, wie man mir einen bestimmten Partner aufdrängen oder ausreden wollte, meine beruflichen Pläne zu durchkreuzen suchte, weil man es immer so gut mit mir meinte. Herr, wie oft wein-

te ich über die Intoleranz meiner Erzieher! Du selbst hast mich sehr getroffen, weil ich trotz meiner vielen Bitten keinen Partner gefunden habe oder ihn durch Tod oder Scheidung verloren habe. Ich vergebe dir.
Ich bringe vor dich meine Familie, meine Kinder und meine Schwiegersöhne und -töchter. Auch mit ihnen lief nicht alles so, wie ich mir das wünschte. Da gab es manchen Ärger und manche Demütigungen, die wir uns gegenseitig zufügten. Oft fühlte ich mich nicht verstanden in meinen Anliegen und Handlungen, wurde angegriffen und schlechtgemacht. Ich bringe dir alle erlittenen Zurückweisungen und als Einmischung mißverstandenen Bemühungen um sie. Vielleicht, Herr, war meine Fürsorglichkeit übertrieben; vielleicht schmerzte mich mein zunehmendes Alter und das Gefühl, nicht mehr gebraucht zu werden.

Ich bringe dir mein gegenwärtiges Leben und die Jahre, die noch vor mir liegen. Manchmal spüre ich Angst vor dem, was noch kommt. Wenn ich so zurückschaue auf mein Leben, überkommt mich das Gefühl von Trauer. Gewiß, Herr, es gab auch schöne Zeiten, liebevolle Begegnungen. Ich lege dir alles in deine Hand, vornehmlich aber jene Menschen, die mich bewußt oder unbewußt verwundet haben: Verwandte, Freunde, Kollegen, Untergebene, Vorgesetzte, Nachbarn, Vertreter von Kirche und Staat. Ich vergebe allen. Ich vergebe auch mir selbst. Und dir, Herr, daß du mir die Wunden zugemutet hast. Heute weiß ich , daß du nur aus Liebe handeln kannst, daß der Mensch nur in der Annahme seines Schmerzes reifen kann.

Und nun, Herr, heile mich, heile alle noch offenen Wunden und schmerzlichen Erinnerungen! Heile auch die Wunden, die ich meinen Mitmenschen geschlagen habe. Du allein kennst mich, weißt um die Motive meiner Handlungen, um die Quellen meiner Gefühle. Du bist mein Freund und hast auf diesen Tag schon immer gewartet. Jetzt übergebe ich dir alles, was mich bewegt und was mich gehindert hat, ganz dir zu gehören. Ich danke dir, Vater, daß du mich in Liebe geschaffen hast. Ich danke dir, Jesus, daß du mich in Liebe erlöst hast. Und ich danke dir, Heiliger Geist, daß du mich in Liebe heilen und heiligen willst. Amen.

Wende dein Gesicht immer der Sonne zu, dann fallen die Schatten hinter dich.

Thailand

Weitere Werke von Jörg Müller

Gott ist anders. Das Leiden an den falschen Gottesvorstellungen. Wege zur Heilung.
120 Seiten, kartoniert. ISBN 3-89511-005-1
Das Leiden an Gott ist vorwiegend ein Leiden an einem falschen Gottesbild, an der Vorstellung von einem bedrohlichen, angstmachenden und strafenden Gott. Der Autor weist in diesem Buch Wege zu tieferer Einsicht und zu einer befreienden Gottesbeziehung auf.

Selbsterkenntnis und Menschenführung. Mit Dieter Strauß. 144 Seiten, kartoniert. ISBN 3-89511-027-2
Wo liegen die typischen Fehler im privaten und beruflichen Umgang mit unseren Mitmenschen? Wie können wir uns selber führen, damit wir tägliche Frustrationen mindern und die Lebensqualität verbessern, ohne uns psychosomatische Störungen einzuhandeln? Dieses Buch erschließt Wege zur Selbsterkenntnis, die für eine erfolgreiche Menschenführung wichtig ist. Mit praktischen Anleitungen und Beispielen ist das Buch für Seelsorger, Lehrer und Erzieher gedacht, aber auch für Manager und Chefs und alle, die ihren Umgang mit Menschen positiv gestalten wollen.

Vortragskassetten von Jörg Müller, Live-Mitschnitte von Vorträgen mit 60 Minuten Dauer. Themen u. a.: Sinn und Unsinn des Leids – Hilfen zum geistlichen Leben – Was kränkt macht krank – Voraussetzung von Heilung – Angstmachende und befreiende Gottesbilder – Straft Gott? – Beten muß man lernen – Heilung durch Versöhnung – Warum (er)hört mich Gott nicht? – Angst macht eng.

Betulius Verlag Stuttgart